HOMELIE XXXIX.

POUR

LE VI· DIMANCHE

D'APRE'S L'EPIPHANIE,

SUR

LE GRAIN DE SENEVÉ,

ET LE LEVAIN.

Par M. le Curé de Saint Sulpice.

A PARIS,

Chez RAYMON'D MAZIERES, Libraire, ruë saint Jacques, prés la ruë de la Parcheminerie, à la Providence.

M. DCC XI.

AVEC PRIVILEGE DU ROY.

TEXTE
DU SAINT EVANGILE

SELON·SAINT MATHIEU.

EN ce temps-là Jesus dit aux Peuples cet-te Parabole : Le Royaume des Cieux est semblable au grain de Senevé, qu'un homme prend & séme dans son Champ, lequel grain à la verité est la plus petite de toutes les semences, mais qui ayant une fois monté, devient plus grand que tous les autres legumes, ensorte qu'il devient un arbre, & que les oyseaux du Ciel viennent se retirer sur ses branches.

Il leur dit une autre parabole: Le Royaume des Cieux est semblable au levain qu'une fem-me prend & cache dans trois mesures de fari-ne jusqu'à ce que le tout soit levé.

Jesus dit aux peuples toutes ces choses en
paraboles, & il ne leur parloit point sans paraboles, afin que ce qui est dit par le Prophete
fût accompli: J'ouvriray ma bouche en paraboles, je reveleray des choses cachées dés la
constitution du monde. *En saint Math. Chap.
13. Verset 31.*

HOMELIE

SUR

LE GRAIN DE SENEVÉ,

ET LE LEVAIN.

ETTANT à prefent les yeux fur l'étenduë des paraboles précédentes qu'on a expliquées, comme fur un vafte & riche champ qu'on a moiffonné, on ne peut s'empêcher de revenir fur fes pas, afin de recueillir diverfes précieufes veritez féparées, lefquelles comme de beaux épics délaiffez ont échappé à la diligence du moiffonneur: obéiffant ainfi à l'ordre du Pere de famille, qui difoit à fes ferviteurs aprés le repas abondant auquel il avoit raffafiés les peuples dans le defert: Ramaffez les morceaux reftez de ce feftin, de peur qu'ils ne fe perdent: *Colligite fragmenta, ne pereant*; Et imitant cette pieufe veuve de l'Ecriture, qui ſuivoit les moiſſonneurs de Booz, pour glaner aprés eux : *Rogavit ut ſpicas colligeret reman-nentes , ſequens meſſorum veſtigia :* commençons donc cette ſeconde recolte par les obſervations ſuivan-tes.

1°. Admirons Jeſus-Chriſt , nommé à bon droit, le Précepteur des nations, en qui tous les tre-ſors de la ſageſſe & de la ſcience de Dieu, reſident, envelopant ſa doctrine ſi rare, & ſi relevée ſous des expreſſions communes, & des comparaiſons fami-lieres, pour ſe proportionner au peu de capacité de ſes auditeurs, la pluſpart ignorans , & groſſiers ,dit ſaint Chryſoſtome : *Homines enim alloquebatur agreſtes & imperitos, qui maximè his rebus (ſenſibilibus) commoveri ſolent ;* & afin de ſe rendre intelligible à tous, ainſi que nous liſons dans un autre Evangeliſte : *Et talibus parabolis loquebatur eis verbum, prout poterant audire:* d'ail-leurs il vouloit humilier le faſte de l'eſprit humain , & l'exercer ſaintement, en l'obligeant de chercher ſous des paraboles populaires, des myſteres ſubli-mes , des veritez celeſtes, qui ſeront toûjours cachées aux ſuperbes, & revelées aux humbles ; des principes de morale qui découvrent les plis & les replis les plus ſecrets de la conſcience, & qui ſe feront ſentir au cœur humain juſqu'à la fin du monde, comme ils y avoient été imprimez dés la conſtitution du monde, quoyqu'enſuite obſcurcis par les noires vapeurs d'u-ne convoitiſe immonde, ſelon cette prédiction du Prophéte , rapportée dans l'Evangile : *Sine parabola autem non loquebatur ad illos , ut impleretur quod dictum erat per Prophetam , dicentem:* Aperiam in parabolis os meum , *eructabo abscondita à constitutione mundi :* Où sont à present ces superbes Philosophes, s'écrie saint Chryso-stome, où sont ces sages du siécle ? ces Orateurs fa-meux? ont ils jamais pû avec tous leurs subtils raison-nemens, & toute leur pompeuse éloquence, répan-dre avec succés leur doctrine dans le monde ? ont ils pû rendre un homme heureux , & vertueux ; établir une societé durable ; faire observer leurs loix ? *Ubi nunc gentilium alumni? intelligant saltem nunc à rerum ip-sarum eventu, quàm ineffabilis sit Christi virtus,* &c. au lieu que les Paraboles Evangeliques dans leur simplicité majestueuse , ont toûjours fait & feront toûjours l'é-tude & l'admiration des plus éclairez, & des plus grands esprits; que les preceptes & les conseils de Jesus-Christ cachez sous des écorces en apparence viles, & basses, quelque difficiles qu'ils paroissent à la nature indocile, & malade, se sont fait observer par une infinité de personnes de l'un & de l'autre se-xe , & les ont sanctifiées , & perfectionnées; que l'E-glise ou la congregation des Disciples de ce divin Maître a rassemblé dans un même corps des peuples immenses, tous differens de langage, & de meurs, & les a inviolablement unis dans la même foy, & dans le même culte : qu'elle se soûtient dans le même es-prit, qu'elle vit sous les mêmes loix depuis dix sept cent ans, & qu'elle se soûtiendra malgré les opposi-tions du diable & du monde jusqu'à la consomma-tion des siécles, sans que les portes de l'enfer puissent jamais prévaloir contre elle.

2⁸. Apprenons en fecond lieu de nos facrez Enig-
mies, à connoître l'artificieufe malignité du démon, &
à nous précautionner contre les rufes de ce vieux &
tortueux ferpent, qui s'étudie, non tant à inventer le
mal, qu'à infecter le bien; non tant à controuver, qu'à
contrefaire; non tant à agir violemment, que frau-
duleufement : on voit cela clairement en ce qu'il
gafte le froment par la zizanie; qu'il imite les Apôtres par les heretiques; qu'il infecte le champ du pere
de famille, en contrefaifant le laboureur : *Falfi enim*
Propheta poft Prophetas apparuerunt , fallaces Apoftoli poft
Apoftolos, &c. nam diabolus, nifi priùs videat quid fibi fequen-
dum fit , aut quibus infidiandum , cùm quid faciendum fit nef-
ciat, nec conatur quidem , dit faint Chryfoftome : &
qu'ayant vû , non fans furprife, la bonne terre produire le trentiéme, le foixantiéme, le centiéme fruit,
qu'il ne pouvoit pour lors gafter , il forme la refolu-
tion d'aller à la fource, & d'endommager la moiffon
dans fa naiffance : *Poftquam intellexit ab alio centum, ab*
alio fexaginta, ab alio triginta fuiffe producta, fraudem excogi-
tavit; nam quoniam evellere non potuit quod actis radicibus
jam propagatum fuit, nec fuffocare, nec urere, fraudulenter ni-
fus eft fua diffeminare : Il fe prévaut du temps que le laboureur vient de préparer la terre pour y mettre le
bon grain , afin d'y furfemer la zizanie, fans qu'il ait
par confequent befoin ny de fumier , ny de charuë ,
ny de bœufs, tout eft preft pour luy: il profite des travaux d'autruy : il feme fon yvroye, non aux extremi-
tez du champ, on pourroit l'en arracher fans nuire
au bon grain; mais au milieu; *In medio tritici,* & pefle-
mefle

mesle avec le froment : il attend l'obscurité de la nuit pour n'être vû ni remarqué de personne qui puisse estre un obstacle à sa nocturne & malheureuse infestation : *Omnis enim qui malè agit odit lucem.*

3°. Voyons enfin dans la conclusion de ces mysterieuses paraboles, les qualitez que doivent avoir ceux qui par leurs prédications veulent en developer le sens au peuple fidelle. Car ce divin Maistre demandant à ses Disciples s'ils avoient bien compris ce qu'il avoit voulu leur dire par tous ces discours figurez, & eux ayant répondu que, oüy, il leur repartit : Et par consequent je vous dis, que celuy qui prétend à la qualité de Scribe, ou de Docteur dans le Royaume des Cieux : *Et ait ad illos, ideo omnis Scriba doctus in regno cælorum,* doit ressembler à un prudent Pere de famille, qui tire de son reservoir, ou de ses greniers & celliers, comme d'un riche tresor, des provisions & nouvellement amassées, & d'ancienneté reservées pour en nourrir les Conviez qu'il veut traitter à sa table : *Similis est homini Patrifamilias qui profert de thesauro suo nova & vetera* : Langage qui paroist estre une autre parabole, car c'est comme s'il leur eût dit : Heureux si vous entendez bien ces choses, plus heureux encore, si les entendant, vous les faites bien entendre aux autres, & si semblables à un sage Pere de famille, qui n'amasse pas seulement des fruits pour luy, mais qui les serre, & les reserve soigneusement pour les presenter à ceux dont il veut rassasier la faim & flâter le goust, vous recueillez peu à peu, & de longue main dans vostre cœur, comme dans un reservoir sacré,

non un leger amas, mais un *trefor* entier de doctrine & d'érudition fpirituelle, (or qui dit, *trefor*,
dit varieté, multitude, & prix) Trefor que vous vous
foyez rendu propre, *de thefauro fuo*, par une étude fé-
rieufe, & que vous devez répandre comme de fource
par une effufion amoureufe, non par un effort de
memoire, apprenant par cœur des compofitions d'autruy, & dérobant leur travail, ainfi que la fourmi,
qui enleve le grain de bled tout entier fans y rien
mettre du fien : auffi eft-il dit icy, *de thefauro fuo*, &
non pas, *de thefauro alieno* ; mais par une application
affiduë, écrivant ce que vous avez lû, *Scriba*, & non
tranfcrivant ce que les autres ont recueilly, prêchant
ce que vous aurez compofé, *doctus:* enfeignant ce que
vous aurez appris par la lecture des livres faints, afin
qu'on ne vous accufe point d'être comme l'araignée,
qui tire tout fon ouvrage d'elle-même, & que vous
fuftentiez enfuite de vôtre abondance, *de thefauro*,
les fameliques fpirituels, qui recourent à vos inftructions, lefquelles, aprés vous en être nourris, vous
proportionerez à leur capacité, *prout poterant audire* ;
en cela femblables aux nourrices, qui changent les
alimens folides en lait pour en nourrir leurs enfans ;
ou aux abeilles, qui du fuc des fleurs en compofent un
miel favoureux: *Qui profert de thefauro fuo* : Enforte que
vous portiez à jufte titre la qualité de Docteurs, &
d'Interpretes de la loy du Seigneur, éclairez dans
la vie fpirituelle, capables d'établir le Royaume de
Dieu dans les ames : *Doctus in regno cœlorum* : Remplis
de connoiffances non moins folides que lumineufes,

& dont les fçavantes & pieufes inftructions foient
fondées fur les témoignages autentiques des livres facrez nouveaux & anciens ; c'eft-à-dire dont les unes
foient recemment recüeillies , & les autres de long-
temps préparées, *nova & vetera,* pour les prêcher enfuite aux peuples, fans craindre d'être traitez de No-
vateurs, *nova,* où d'ignorans, *vetera,* parce que vous
joindrez les deux enfemble: tels doivent eftre les veri-
tables Scribes, ou Docteurs de la loy de Dieu.

Au refte, contre l'arrengement naturel, on met icy
les chofes nouvelles avant les anciennes, *nova &*
vetera. Pourquoy cela ? C'eft premierement, dit
faint Auguftin, à raifon de la préeminence des préceptes du nouveau Teftament par deffus ceux de l'ancien : *Non dixit vetera & nova, quod utique dixiffet, nifi ma-*
luiffet meritorum ordinem fervare, quàm temporum : quamvis
enim vetera præeant teftimonia, nova tamen anteponenda De Civit.
Dei 20. 7.
funt dignitate. Secondement, parce que, comme obfer-
ve faint Chryfoftome, l'Evangile reçoit fon témoi-
gnage & fa preuve de l'ancienne loy, de Moyfe & des
Prophetes, & ne dit rien que ce qui avoit été autre-
fois prédit, promis, figuré: *Et ne quid in nova re præter* Hie.
veteris fcripturæ documenta dicere videretur. Tellement
qu'aprés avoir en premier lieu propofé la doctrine E-
vangelique, & les myfteres de la nouvelle alliance,
il faut enfuite les confirmer par l'autorité de l'ancienne Loy , laquelle fait par tout l'éloge de la nouvelle :
Quoniam illa vetera, præconia funt novorum, nova igitur
ponenda funt priùs.

C'eft ainfi que l'Apôtre faint Pierre pour prouver

la diviné de Jesus Christ, ayant rapporté le nouveau
mystere de la Transfiguration dont il avoit été témoin,
a recours aussi tôt au .témoignage des anciens Prophetes, dont l'autorité étoit incontestable chez les
Juifs, pour la plufpart incredules, aufquels il parloit, &
qui doutoient encore de la verité de l'Evangile : *Et
habemus firmiorem Propheticum sermonem cui benefacitis
attendentes* : La doctrine de Moyfe étant une
lueur qui difpofe au plein jour Evangelique : *Quafi
lucernæ lucenti in caliginofo loco, donec dies elucefcat, & lucifer oriatur in cordibus vestris.*

C'est encore ainfi que l'Epoufe des Cantiques
tranfportée en efprit, & prévoyant la prédication
prochaine de l'Evangile, difoit à fon Epoux : Les
mandragores (fymboles de la fecondité) commencent d'exhaler leur parfum : *Mandragoræ dederunt odorem.* Toutes fortes de fruits font à nos portes : *In portis
noftris omnia poma* : Je vous ay gardé, mon bien-aimé,
les nouveaux & les vieux, *Nova & vetera, dilecte mi,
fervavi tibi* : Comme fi elle eût dit: Le temps de la vocation des Gentils, que les mandragores figurent par
leur odeur, & procureront par leur vertu fpirituelle,
s'approche : la multitude & la beauté des divers fruits
que tant de peuples convertis vont apporter, font déja comme à nôtre porte; & je vous conferve les fruits,
ou les préceptes nouveaux que la Synagogue n'a pas
voulu recevoir felon la lettre, pour les joindre aux
anciens documens qu'elle n'a pas voulu pratiquer
felon l'efprit : *Hoc eft*, dit faint Ambroife : *Teneo omnia mandata novi, & veteris teftamenti; fola hæc dicere.*

2. Petr. 1.
89.

C. 5 13.

In Cant.
f. 7 to. 1. p.
1612.

Ecclesia potest, non Synagoga, nec secundùm litteram nova e-
nens, nec secundùm spiritum vetera.

4°. Mais outre le sens moral des Paraboles de l'E-
vangile d'aujourd'huy, qui peut servir à nourrir nôtre
devotion, comme nous verrons, voici le sens spirituel
que les saints Peres y ont découvert, qui peut servir à
éclairer nôtre religion.

1°. Ce grain qu'un homme prend & cache en terre,
est Jesus Christ luy même, que le Juif impie saisit &
jette dans le tombeau, dit saint Hilaire : *Granum hoc*
in agro satum, Christus est à populo comprehensus, traditus
morti, & consepultus. Pour moi, dit saint Ambroise, je
croy que cet homme qui prend le grain de senevé,
& qui le jette en terre dans son Jardin, n'est autre que
Joseph d'Arimathie, qui prit le corps du Sauveur, &
qui l'inhuma dans son jardin, & qui en l'inhumant ex-
terieurement dans son jardin, l'inhuma encore bien
plus intimement dans son cœur ; *Ego illum esse arbitror*
de quo Evangelista refert, ecce autem Joseph qui erat Decurio
ab Arimathia, accessit ad Pilatum petens ut depositum corpus
Domini sepeliret, quod acceptum tradidit sepulturæ, quæ in
horto fuerat præparata . . . . ita dum Salvatorem in hortuli sui
monumento sepelit, magis illum in animæ suæ intimis colloca-
vit.

2°. Ce grain sort de terre, croist & monte en haut,
il s'éleve au dessus de tous les autres legumes : Jesus-
Christ sort du tombeau, il ressuscite, & par sa vertu
puissante il s'éleve au dessus, & de toute la fausse pom-
pe des *Philosophes* superbes, dont les maximes vaines,
comme des plantes rampantes sur terre, n'ont fait

qu'entretenir la tumeur du genre humain : & de toute la gloire des *Prophetes*, dont les exhortations, comme des simples médicinales, salutaires à la verité, mais insuffisantes, n'ont pû guerir les maladies invererées, pas même du peuple Juif; *Ultrà mensuram omnium olerum excrescit : & universam Prophetarum gloriam excedit : oleris enim vice, tanquam ægroto Israëli data est prædicatio Prophetarum*, dit toûjours le même Saint.

3°. Les branches étenduës, & les vastes rameaux de cet arbre élevé, font les Apôtres fortis de Jesus-Christ, dont les prédications répanduës fur toute la terre, ont sous leurs ombres rafraîchissantes, comme sous des aîles charitables, & puissantes, mis à couvert le monde jusqu'àlors bruslé des ardeurs de la convoitife ; l'ont défendu contre la colere allumée du Seigneur, contre les insultes du démon du midy, & enfin contre les flâmes éternelles dont il étoit menacé ; malheurs dont celuy qui fe refugie dans un tel azyle fera prefervé : *Apostolos scilicet ex Christi virtute protentos, & mundum inumbrantes in ramis intelligimus : sub umbra illorum latitans gehennæ non patietur ardorem, securusque de diabolica tempestatis procella erit, & de die judicii exurentis incendio.* C'est faint Ambroife & faint Augustin, qui parlent ainfi.

Idem

Ser. 33. de Sanct.

4°. Les oifeaux du Ciel qui viennent fe repofer fur ces branches, & fe nourrir du fruit de cet arbre, font les ames rachetées, détachées, élevées, qui appuyées fur la doctrine, & la foy des Apôtres, fe nourriffent de leur doctrine celeste, où elles trouvent la vie : *In quos gentes in spem vitæ advolabant.* Et s'y met-

tent en ſureté contre les tourbillons des tentations,
dont le prince de l'air, pour s'exprimer avec l'Apoſtre,
les agitoit auparavant à ſon gre, par ſon ſouffle, comme par un vent impetueux, ſans qu'elles ſçuſſent où
ſe mettre en aſſurance, *Et aurarum turbine, ideſt dia-
boli ſpiritu flatuque ſvexatæ, tanquam in ramis arboris requieſcant*, dit encore ſaint Hilaire.

La ſeconde Parabole, quoyque plus ſuccincte encore en paroles, ne laiſſe pas de renfermer, ſelon les
Peres, autant de myſteres que la précedente plus
étenduë.

10. Cette femme qui cache ſon levain dans la fari-
ne pour faire lever la paſte, quelle eſt'elle? ſinon l'E-
gliſe ſainte, qui s'efforce chaque jour d'inſinuer la
doctrine du Sauveur dans le ſecret de nos cœurs?
*Mulier quæ dicitur abſcondere in farinâ ſermentum, quæ eſt
niſi ſancta Eccleſia, quæ quotidie doctrinam Chriſti in cordibus
noſtris conatur abſcondere*, dit ſaint Ambroiſe, lequel
veut encore que par ces deux femmes moulantes au
même moulin, dont l'une eſt delaiſſée, & l'autre priſe : *Duæ erunt molentes in unum, una relinquetur, & altera
aſſumetur;* ſoyent ſignifiées la Synagogue & l'Egliſe,
dont la premiere a inutilement moulu le froment de
Moyſe & des Prophetes, puiſqu'elle n'a jamais pû
l'écraſer pour en faire ſortir Jeſus-Chriſt caché ſous
l'écorce de la loy : *Et quia duas Evangelium deſcribit
molentes, atque unam diximus ſalubriter molere, alteram
quam niſi Synagogam accipere debemus: molit enim & ipſa
per Moyſem & Prophetas, ſed inutiliter molit, quia maſſam
ſuam Chriſti doctrina non temperat:* Ce qui fit que le Sau-

Ibid

Ser. 21

veur difoit à fes Difciples, qu'ils euffent à fe donner
de garde du levain des Pharifiens; *Videte, intuemini,*
& cavete à fermento Pharifæorum. Lefquels parconfe-
quent tournent inutilement la meule de leurs Ecritu-
res: *Relinquetur ad molas Synagoga gyrum femper paffura*
fuæ perfidiæ.

20. Cette farine myfterieufe eft le Corps des fidelles, qui difperfez comme la pouffiere fur la furface de
la terre, ont été réünis enfemble en une même maffe,
par le fang de Jefus-Chrift: *Nos igitur qui ex nationibus*
in pulveris modum à terræ facie jactabamur, afperfione fan-
guinis Domini in maffam foliditatis ejus aggregamur, con-
tinue le même Pere.

3°. Ce levain eft Jefus-Chrift, qui par fa vertu trans-
forme les fidelles en luy, les délivrant de leur pefan-
teur, de leur froideur, & de leur infipidité leur: com-
muniquant fa ferveur divine, les élevant en haut, & les
difpofant à devenir un pain favoureux digne d'être
mis fur la table du pere de famille: *Nam Dominus Jefns*
tanquam fermentum in maffâ reconditum, univerfos homines
præftitit effe quod ipfe eft: Et ce qui eft de confolant, les
faifant à leur tour devenir eux mêmes, qui n'étoient
qu'une pâte pefante & froide, un levain comme luy,
capables de transformer les autres en eux pour luy:
Quifquis igitur illi fermento Chrifti adhæferit, efficitur & ip-
fe fermentum, tam fibi utilis quàm idoneus univerfis, & de
fua certus falute, & de aliorum acquifitione fecurus, dit toûjours faint Ambroife.

4°. Ces trois mefures font les trois états du Chri-
ftianifme, de la Virginité, de la Viduité, du Mariage,
qui

qui partagent les fidelles, & dans lesquels ils doivent
operer leur salut, chacun selon sa vocation, & dans
son degré: *Frumentum quod accepit mulier, & abscondit in
farinæ satis tribus, mulierem sapientiam dicit, fermentum di-
lectionem, quod fervere facit, & excitat; in farinæ autem
satis tribus, tria illa fructifera, centenum, sexagenum, trice-
num intellige*, dit saint Augustin, & cela jusqu'à la consommation des fidelles sur la terre, & de l'Eglise entiere, *donec fermentatum est totum*: Jusqu'à ce que l'œuvre de la sanctification du genre humain soit finie en
ce monde: *Tres mensuras, id est, totum orbem terrarum*,
ajoûte ailleurs le même Pere. 44. Eccl.
4.12.

In Pf 68.
conc. 1.ini.

5. Enfin cette vertu agissante du levain sur la pâte, jusqu'à ce qu'elle soit entierement levée, est l'in-
fluence de Jesus-Christ, agissant secrettement & continuellement sur l'ame des Justes, jusqu'à l'entiere
consommation de l'œuvre de Dieu en eux: *Donec fermentatum est totum*: Et conduisant à maturité le fruit
centiéme, soixantiéme, trentiéme, où chacun doit
parvenir selon son état & vocation; ce qui est au
dessous, n'étant pas parfait, ny par conséquent receva-
ble par le pere de famille, qui exige de ses servi-
teurs à proportion, & des dons qu'il leur fait, & des
desseins qu'il a sur eux: profit qui revient non à lui,
mais à eux, & à l'acquisition duquel il veut qu'ils
cooperent, faisant ainsi qu'il soient eux-mêmes en
répondant, où en ne répondant pas à son operation,
comme les ouvriers de leur abondance, ou les auteurs
de leur indigence: de leur salut, ou de leur perte.

De si hauts mysteres ne peuvent renfermer qu'une

C

morale importante, telle que la perfection Chrétienne, à laquelle les personnes de l'un & de l'autre sexe representées, & par cet homme qui travaille à la culture de la terre, & par cette femme qui s'applique au soin du ménage, doivent aspirer, comme l'Evangile d'aujourd'huy l'insinuë, ainsi que nous allons voir.

PREMIERE CONSIDERATION.

La premiere disposition à la perfection, est *l'humilité*, figurée par ce grain de Senevé, *le plus petit des grains*, & qui retirant sa vertu au dedans, ne montre au dehors aucune qualité qui le rende recommandable: *Simile est regnum cœlorum grano sinapis, quod minimum est omnibus seminibus.* Symbole d'une ame veritablement humble; *Granum sinapis parvum, vile, despectum.* Et n'ayant de plus ni goust, ni odeur, ni suavité, qui flâte les sens: *Non saporem præstans, non odorem circumferens, non indicans suavitatem:* Cependant il faut que ce grain si méprisable en apparence, soit quelque chose de bien précieux en luy-même, puisque cette sagesse éternelle, voulant chercher quelque objet surprenant qui corresponde à la dignité du Royaume des Cieux, se sert de la comparaison du grain de Senevé, pour en donner une juste idée : A qui comparerons nous, dit Jesus Christ, le regne de Dieu: *Cui comparabimus regnum Dei?* Et à quoi dirai-je, qu'il est semblable? *Et cui simile æstimabo illud?* Ce grain de Senevé est, 1º. La Foy, mais cette foy vive, & efficace qui transporte les montagnes: *Si habueritis fidem sicut gra-*

num sinapis, dicetis huic monti, tollere & jactare in mare, & ita fiet. 2o. Le Royaume de Dieu sur la terre, c'est à-dire, dans les ames justes : *Cui assimilabimus regnum Dei, aut cui parabolæ comparabimus illud? Simile est grano sinapis.* Car c'est de ce Royaume si merveilleux dont il est le symbole, dit saint Ambroise : *Regnum Dei tam præclarum, & magnificum, grano sinapis exiguo comparatur.* 3o. Le Royaume des Cieux, sans doute dans les Saints : *Simile est regnum cælorum grano sinapis.* 4o. Jesus-Christ même qui s'y compare : *Grano sinapis se Dominus comparavit.* Et qui de plus est ce grain mysterieux, selon saint Jerôme : *Christus quippe est granum sinapis per humilitatem carnis.* Voulez-vous donc monter jusqu'au faîte de la plus haute sainteté, dit saint Augustin ? abbaissez-vous jusqu'au centre de la plus profonde humilité : *Magnus esse vis, à minimo incipe.* Meditez vous la construction d'une haute & magnifique tour? songez à poser un fondement qui puisse soûtenir une telle masse : *Cogitas magnam fabricam construere celsitudinis, de fundamento priùs cogita humilitatis.* Avez-vous dessein de bâtir un grand & vaste édifice? allez jusqu'au roc solide, pour y mettre la pierre fondamentale : *Et quantam quisque vult & disponit superimponere molem ædificii, quantò erit majus ædificium, tantò altius fodit fundamentum :* Or jusqu'à quelle hauteur doit parvenir cette tour Evangelique ? Oserai-je le dire ? elle doit s'élever jusqu'au trône de Dieu : *Quò perventurum est cacumen ædificii, audeo dicere usque ad conspectum Dei.* Elle doit égaler en sublimité spirituelle, celle que les superbes enfans d'Adam oserent construire, quand ils se disoient : Bâtis-

fons une tour dont le faîte aïlle jufqu'au Ciel : *Facia-*
mus turrim cujus culmen pertingat ad cœlum : Imitez donc
cet homme fage de l'Evangile, qui voulant bâtir une
maifon à l'épreuve des orages, des vents , & de la
pluye, creufe jufqu'au roc , pour y pofer la pierre fondamentale de fon édifice : *Fodit in altum, & ponit funda-*
mentum fupra petram.

Saint Simeon Stylite encore Berger, entrant un
jour dans l'Eglife lorfqu'on y chantoit ces paroles de
l'Evangile:Heureux ceux qui pleurent ; car ils feront
confolez : heureux ceux de qui le cœur eft pur, car ils
verront Dieu , s'informa d'un des affiftans ce qu'il fal-
loit faire pour arriver à ces beatitudes ; à quoy celui-ci
luy répondit: D'où vient que vous me faites cette de-
mande ? ne fçavez-vous pas que quand on a ce deffein , il faut tout quitter, & s'en aller dans les deferts,y
mener la vie des folitaires?Auffi tôt faint Simeon em-
brafé du defir de la perfection, refolut de fuivre ce
genre de vie parfaite, & fortant de l'Eglife , pour aller
executer ce bon deffein , il rencontra fur fon chemin
un Oratoire dedié aux faints Martyrs ; il y entra , il fe
profterna par terre, il fe mit en prieres, demandant
inftamment à Dieu, qu'il luy montrât le chemin de
la perfection : *In æde illa genua & frontem in folo defixiffe ,*
& Deum rogaffe ut eum deduceret ad viam perfectam pie-
tatis, & veræ religionis. Là dans l'ardeur de fon oraifon,
il s'endormit d'un doux fommeil , pendant lequel il
luy fembla qu'il foüiffoit en terre ; comme pour y
creufer un fondement ; laffé de ce penible travail , &
voulant s'arrêter , il entendit une voix qui lui crioit

de creuſer encore plus avant, il le fit : ce travail le fatiguant toûjours de plus en plus, il voulut de nouveau ſe repoſer ; mais il entendit encore une voix imperieuſe qui luy commandoit de creuſer toûjours plus avant : *Fodi ampliùs foßam profundiorem :* Ce qui luy étant arrivé juſqu'à quatre fois ; enfin étant parvenu au plus creux, il entendit cette même voix, qui luy diſoit que c'étoit aſſez, & qu'il pouvoit à preſent poſer le fondement de ſon édifice : *Tandem dixit eam ſufficere altitudinem, & juſſit ædificare.* Telle devoit être l'humilité d'un Solitaire, qui élevé ſur une haute colomne pendant quarante ans, & expoſé aux yeux de tout le monde Chrétien, devint un prodige de ſainteté.

Voicy celle d'un Preſtre nommé Daniel, qui ſans doute mit en luy le comble à la perfection ſacerdotale, ſur une profonde humilité : car ayant reçû par obéiſſance le ſacerdoce, il ne pût jamais ſe reſoudre de celebrer les ſaints Myſteres en preſence de ſon Superieur, ſe contentant de luy ſervir de Diacre à l'Autel : *Sed ſemper Abbate offerente, ille velut Diaconus in prioris miniſterii permanſit officio.* Un autre pieux Solitaire ordonné Preſtre malgré luy, & interrogé, ſi ſon Confrere en étoit digne ; répondit à l'Evêque, je ne ſçai pas s'il eſt digne du ſacerdoce, mais je ſçai bien qu'il eſt meilleur que moy : *Si quidem dignus eſt neſcio, unum tamen ſcio quia melior eſt me :* Sur cette humble réponſe, le Prélat ordonna ce ſecond Solitaire ; mais l'un & l'autre pendant toute leur vie n'oſerent jamais s'approcher de l'autel pour y conſacrer les divins myſteres : *Uterque tamen ita permanſerunt uſque ad finem ſuum, ut ad*

altare quantùm ad oblationem facrandam , nunquam accede-
rent: Le plus ancien d'eux difant: J'efpere que mon ju-
gement en fera moins rigoureux, n'ayant pas eu la
préfomption d'offrir le facrifice, fonction qui n'ap-
partient qu'aux Saints, ce que je ne fuis pas: *Quia non*
habeo grande judicium propter ordinationem hanc. Je ne fçai
ce que nous dirons à cela, fi telle doit eftre l'humilité de ceux qui prétendent s'élever au facerdoce.

Enfin cet arbre fi grand forti d'un grain fi petit,
n'étant autre que Jefus-Chrift inhumé, puis reffufci-
té, defcendant aux parties les plus baffes de la terre,
par fa mort & fa fepulture, & montant au plus haut
des Cieux par fa refurrection, & fon afcenfion: *Gra-*
num planè Chriftus eft dum patitur, arbor eft cum refurgit, afcen-
dendo ad cælum arbor eft, dit faint Ambroife, conferve
encore le caractere de fon humilité, dans fa plus
haute exaltation, & veut l'infpirer à ceux que comme fes rameaux, il affocie à fon bonheur. Ah! confer-
verons nous l'orgueil, au milieu même de nos mife-
res? En effet le Seigneur nous apprend que lors de la
retribution derniere, faifant rendre compte à chacun
de fes ferviteurs en particulier, & l'un deux lui difant:
Seigneur, vous m'aviez donné cinq talens, en voilà
cinq autres, que j'ay gagné par deffus: *Ecce alia quin-*
que fuperlucratus fum. Le Seigneur luy répondra: Allez,
bon & fidelle ferviteur, parce que vous avez été fidelle
en peu de chofes, je vous établirai fur plufieurs: *Quia*
fuper pauca, q uia in modico fuifti fidelis. Quoi le Seigneur
lui-même traite fes dons de peu de chofes, & nous par-
lerons de nos prétendus merites, comme fi c'étoit de

grandes choſes : *ʄam humilis Deus, & adhuc ſuperbus ho-mo*, s'écrie ſaint Auguſtin ; quoy nous avoir delivré de la tyrannie du demon, de l'eſclavage du peché, des peines de l'enfer, de la mort éternelle, c'eſt peu de choſes ; nous avoir faits d'eſclaves du diable, enfans de Dieu, heritiers de Dieu, coheritiers de Jeſus-Chriſt ; nous avoir conſacrez, juſtifiez, ſanctifiez par ſa grace, par ſon Eſprit, par ſa preſence, & ſa demeure en nous, par ſes lumieres, ſes inſpirations, ſes bons mouvemens ; nous avoir donné la force & la facilité de faire le bien, & d'éviter le mal ; nous avoir ornez de divers dons & talens pour nous ren-dre utiles au prochain, & à l'Egliſe ; tout cela & plu-ſieurs autres richeſſes ſemblables, dont le Seigneur nous a comblez, ſont nommées par ce même Seigneur peu de choſes, & les chetifs ſervices que nous lui ren-dons ſont eſtimez de grandes choſes, & couronnez de grandes recompenſes : *Quia ſupra pauca fuiſti fidelis, ſupra multa te conſtituam.* Mais que dire de ce qu'il pro-met à ſes ſerviteurs, & qu'il proteſte avec ſerment qu'il executera ? voicy ſes paroles auſſi ſurprenantes que conſolantes : Heureux, dit-il, les ſerviteurs que le maître à ſon arrivée trouvera veillans : *Beati ſervi il-li quos cùm venerit Dominus in venerit vigilantes* ; En veri-té je vous dis que s'étant ceint, il les fera mettre à ta-ble, & que paſſant au tour deux, il les ſervira : *Amen dico vobis, quòd præcinget ſe, & faciet illos diſcumbere, & tranſiens miniſtrabit illis* : Peut-on lire de ſemblables pro-meſſes ſans admiration ; peut-on eſperer de ſembla-bles recompenſes, ſans tranſport ? ô merveille ! ce-

luy que les Anges fervoient fur la terre, s'abbaiſſe
juſqu'à fervir les hommes dans le Ciel! celuy qui ca-
chant ſa gloire ſous le vil grain de la mortalité de
l'homme, voulut bien paroiſtre ſous la forme de ſer-
viteur, ne dedaigne pas de fervir l'homme au milieu
même de la gloire immortelle qui l'environne: quiconque pretend donc devenir un arbre Evangelique
en ſainteté, qu'il commence par être un grain im-
perceptible en humilité; quiconque veut élever en
luy la tour Evangelique de la perfection, qu'il dé-
truiſe en luy l'orgueilleuſe tour de la preſomption.

11°. La ſeconde diſpoſition à la perfection, eſt
la ferveur d'eſprit, figurée par cette ſéve ardente, où
cette acreté qui ſe fait ſentir dans le grain de Senevé,
quand il eſt broyé: *Cùm autem creverit, fit majus*: Ainſi
la foy paroiſſant peu de choſe aux yeux du corps,
n'ayant rien de grand, ni d'éclatant en apparence, ne
propoſant rien de pompeux, ni de magnifique, un
homme Dieu, humilié, flagellé, couronné d'épines
crucifié, mort, & enſeveli: *Ita ergo & fides Chriſtiana
primâ fronte, videtur eſſe parva, vilis & tenuis*. Et, comme ajoûte ſaint Jerôme; *Prædicatio Evangelii minima
eſt omnibus diſciplinis, ad primam quippe doctrinam fidem
non habet veritatis, hominem Deum mortuum, & ſcanda-
lum crucis prædicans*: Laquelle ne fait neanmoins jamais
mieux ſentir ſa vertu, que quand on la met ſous le
preſſoir de la perfecution, & de la tribulation, comme pour l'écraſer, & la briſer; car c'eſt pour lors qu'elle montre ſa force, qu'elle fait ſentir ſa vigueur &
ſon feu; *At ubi diverſis tentationibus teri cœperit, ſtatim*
vigorem

vigorem suum prodit, acrimoniam indicat, calorem aspirat :
De même la ferveur spirituelle figurée par l'acrimonie du grain de Senevé, chasse le froid, échauffe le
cœur : *Algorem frigoris removet ;* & cause une ardeur,
interieure de devotion si vehemente, que la flamme
exterieure qui brûle le corps, quelque vive qu'elle
soit, n'est que glace en comparaison : ce qui se verifia
parfaitement, continuë saint Ambroise, dans le
grand, & celebre Martyr saint Laurent, qui brûlé
d'un feu spirituel, ne sentit point le feu materiel :
*Laurentius ardebat extrinsecus in craticulâ, sed major illum
intrinsecus Christi amoris flamma torrebat, & dum Christi
præcepta cogitat frigidum est illi omne quod patitur :* Surquoy
il est bon d'étendre plus au long la convenance qui se
trouve entre la ferveur, & le grain de Senevé, lequel
en est le symbole.

Ce grain, quoyque petit, agit toûjours, il ne cesse
de transmettre la séve dans la plante qu'il produit,
qu'il vivifie, qu'il nourrit, & qui se flêtriroit, & sé-
cheroit du moment qu'il cesseroit de la luy commu-
niquer; ce qui fait que cette plante croist, insensi-
blement à la verité, mais sans discontinuation, ni di-
minution : ainsi une ame fervente, s'avance toûjours
dans la vie spirituelle : *Cùm autem seminatum fuerit.* Elle
monte de vertu en vertu, *ascendit ;* Elle croît en grace, & en pureté, *crescit ;* Elle s'eleve au dessus des
ames lâches, nonchalantes, rampantes, *fit majus omnibus oleribus, quæ sunt in terra :* Elle devient comme un
arbre en grandeur, & en force, *fit arbor :* Persuadée
que de ne pas avancer dans la perfection, c'est recu-

ler : *In via virtutis non progredi, regredi est* : Que de ne pas ajoûter victoire sur victoire, c'est se laisser vaincre, & que là où elle s'arrêtera, là elle perira : *Ubi steti perii* : Elle n'ignore pas cette importante maxime des anciens, & plus éclairez Solitaires, dont l'un deux interrogé par un Novice qui prenoit l'habit, (c'est-à-dire, qui n'étoit encore qu'un grain de Senevé qu'on mettoit en terre) ce qu'il devoit d'abord se proposer : *Cùm quidam adolescens frater Abbatem Agathonem requireret dicens : Volo permanere cum fratribus, dic mihi quomodo habitem cum ipsis :* Mon fils, luy répondit le saint vieillard, par dessus toutes choses, & avant toutes choses, posez pour premier principe de vostre conduite, d'être & de croître tous les jours de vôtre vie dans le même esprit, & la même ferveur, que vous avez eu le premier jour de vôtre entrée dans le monastere : *Respondit ei senex : observa præ omnibus hoc, ut qualis primo die ingrederis apud ipsos, talis reliquum peragas tempus :* Car de cette sorte vous remplirez heureusement les jours de vôtre pelerinage : *Et cum quiete adimplebis peregrinationem tuam :* Vous ne serez pas semblable à ces lâches Israëlites, qui dans le desert laffez, & fatiguez du chemin, & ennuyez de la solitude, rampans sur la terre, comme de viles plantes, & plus viles encore que les oignons de l'Egypte qu'ils regrettoient tant, se virent justement livrez à la morsure de certains serpens d'une nature ignée, & sentirent un feu mortel dans leurs veines, en punition de ce qu'ils avoient un cœur glacé pour Dieu : vous vous animerez à la perfection, vous demandant sans cesse avec saint Arsene ; ce que vous êtes venu faire dans la Religion: *Arseni , Arseni , ad quid venisti?* Ne vous relâchant jamais dans vos observances regulieres, estimant n'avoir vécu dans la Communauté qu'autant de jours que vous en aurez passé sans avoir transgressé aucune des régles qui s'y pratiquent: *Illum diem in Monasterio vixisse te computa, quem si ne ulla regulæ transgressione duxisti :* Vous tenant dans un recueillement continuel selon cette maxime, que l'on est dans l'oraison, tel qu'on est hors l'oraison: *Ex præcedenti enim statu mens in oratione componitur.* Enfin ayant sans cesse la mort presente dans l'esprit, imitant ce vigilant Solitaire, qui s'étant renouvellé dans le sentiment d'une vive componction , & interrogé par un ancien d'où venoit ce redoublement de ferveur: Trés saint Abbé, luy répondit il, c'est que je suis à la veille de ma mort; & en effet ce fut pour lui comme une espece de prophetie, car il mourut trois jours aprés cette prédiction : *Qui ait mihi, Domine Pater, modò moriturus sum : & post tres dies mortuus est :* Un autre de ces admirables habitans des deserts, transportant dans le dépost du monastere, dont il étoit économe, le pauvre & petit meuble de son Confrere défunt, se mit à pleurer disant : Je transporte aujourd'huy les meubles de ce pauvre defunt , & dans deux jours on transportera les miens, ce qui en effet arriva: *Cùm ergo ferre cæpissemus, aspicio dispensatorem flentem, cui dixi: Quid quæs, ita ploras Abba? quia, inquit , illa hodie fratris vasa fero, & post duos dies alii portabunt mea : Tertiaque die requievit ille sicut prædixerat :* Telle étoit l'ardeur spirituelle de ces grains de Senevé dans le sacré terroir des de

D ij

ferts, tels étoient les motifs dont ils s'embrasoient, tel leur progrés dans la vie spirituelle, tel leur zéle dans l'acquisition du Royaume des Cieux : *Simile est regnum cælorum grano sinapi.* L'ardeur de leurs actions répondoit à l'ardeur de leurs sentimens. Saint Benoist encore jeune solitaire, brûlé d'une tentation impure dont l'esprit immonde l'embrasoit, mais encore plus embrasé par les flammes de l'amour divin qui le devoroit, se dépoüilla de ses habits, & se roula long temps tout nud dans un amas d'épines trés aiguës, & fit ainsi par les playes de son corps déchiré, comme par autant d'ouvertures, sortir avec son sang la tentation de son cœur : une vive douleur l'emporta sur une mortelle douceur, & par une rare merveille l'embrasement corporel, éteignit l'incendie spirituel. *Exutus indumento nudum se in illis spinarum aculeis projecit: ibique diu volutatus toto ex eis corpore vulneratus exiit, & per cutis vulnera eduxit à corpore vulnus mentis, quia voluptatem traxit in dolorem, cumque pænaliter foris arderet, extinxit quod intus illicitè ardebat; vicit itaque peccatum, quia mutavit incendium.* Saint Bernard encore à la fleur de son âge, beau & bien fait de la personne, *eleganti corpore, & gratâ facie,* étant à la veille de renoncer au siécle, & de se retirer dans la solitude, se vit attaqué par l'ancien serpent, qui sans doute prévoyant les fruits que cette jeune plante produiroit dans le terroir de l'Eglise, ne cessoit de vouloir le supplanter dans sa naissance, & de tendre des pieges de tous côtez à son innocence: *Qui præcipuè invidens coluber tortuosus, spargebat laqueos tentationum, ac variis occursibus calcaneo ejus insidiabatur :*

Voicy ce qui luy arrriva : Ayant un jour confideré trop attentivement une femme , il rentra bien-tôt en luy même , & rougiffant de fa foibleffe , il s'embra-fa d'indignation contre luy-même , & voulut châ-tier tout fon corps, de l'immodeftie de fes yeux : *De femetipfo erubefcens , in feipfum ultor feverus exarfit.* Etant donc plein de ferveur, & de zéle , il fe plongea juf-qu'au cou dans un étang prefque glacé, qui par ha-zard fe trouva prés du lieu où pour lors il étoit , & s'y tint jufqu'à ce que ce froid exceffif qui éteignit prefque en luy la chaleur naturelle, eût auffi entiere-ment éteint dans fon cœur la flamme impure de la concupifcence qui s'y étoit allumée : *Donec penè exan-guis effectus etiam à calore carnalis concupifcentiæ totus refri-guit.*

Nourriffez donc dans le terroir de vôtre ame ce grain myfterieux de Senevé, qu'il y croiffe, & qu'il s'y fortifie jufqu'à produire de femblables actes heroï-ques de vertu : quoiqu'il foit honteux , & même cri-minel, dit faint Chryfoftome, de n'avoir pas plus d'ar-deur pour le Ciel que pour la terre : du moins , ajoûte faint Auguftin, ayez les mêmes empreffemens pour l'ouvrier du monde , que vous en avez eu pour l'ou-vrage du monde : *Quales impetus habebas ad mundum : tales habeas ad artificem mundi :* O que nous ferions heu-reux fi nous pouvions enflammer les hommes, conti-nuë ce Pere, & nous enflammer avec eux , & devenir eux & nous des amateurs auffi defireux de poffeder une vie permanente, que de joüir d'une vie paffage-re ! *O fi poffemus excitare homines , & cum ipfis pariter exci-*

tari, ut tales eſſemus amatores ⁓vitæ permanentis, quales ſunt homines amatores vitæ fugientis. Pouvez-vous entendre dire à ſaint Paul, qu'il court dans la voye, & cependant être aſſez négligent pour vous repoſer comme ſi vous étiez déja arrivé au terme ? *Vides Paulum adhuc currere, & tu jam æſtimas perveniſſe.* Pouvez-vous voir cet Apôtre ſe haſter de marcher dans ce terreſtre pelerinage, & vous aſſeoir comme ſi vous étiez déja parvenu dans la celeſte patrie: *Paulus in ⁓via eſt, & tu te putas in patria.* Onze heures ont déja ſonné, & vous êtes encore oiſif dans la place publique : *Ecce jam hora undecima eſt, & tu ſtas otioſus.* Gardez-vous donc bien de vous fixer un domicile periſſable en cette vie, crainte de perdre le Tabernacle éternel en l'autre : *Nemo in itinere hujus ⁓vitæ torpeat, ne in patriâ locum perdat.* Toutes ces penſées affectueuſes ſont du même ſaint Auguſtin, & nous découvrent les ſentimens d'une ame fervente repreſentez par l'acreté du grain de Senevé.

III°. La troiſiéme diſpoſition à la perfection eſt *le deſir de la fecondité ſpirituelle*, figurée par la production de ces grands, & vaſtes rameaux ſortans du tronc : *Facit ramos magnos*; chargez, & enrichis de feüilles, de fleurs & de fruits, ſur leſquels les oiſeaux du Ciel, ou les ames élevées au deſſus des choſes de la terre, viennent ſe repoſer, ſe domicilier, ſe nourrir, ſe multiplier : *Fit arbor; creſcit in arborem magnam; facit ramos magnos : ita ut volucres cœli veniant, & habitent in ramis ejus:* Et, comme porte une verſion, *nidulentur:* Car tel eſt le progrés de celuy qui monte à la perfection, & qui veut devenir un arbre Evangelique; de poſer l'humilité pour fondement, de croître par la ferveur, de fructifier par la charité : ce qui nous eſt encore ad - mirablement repreſenté par les trois paraboles qui ſuivent celle du grain de Senevé : La premiere eſt d'un homme qui trouvant un *treſor* caché dans un champ, va vendre tout ce qu'il a pour acheter ce champ : *Simile eſt regnum cœlorum theſauro abſcondito in agro:* C'eſt l'affaire du ſalut decouverte, laquelle, comme un treſor caché au milieu du monde aveugle , comprend une multitude innombrable de biens : La ſeconde eſt d'un négociant en pierreries qui rencontrant *une pierre précieuſe* d'un prix infini, va vendre tout ce qu'il a , & l'achete : *Simile eſt regnum cœlorum homini quærenti bonas margaritas:* C'eſt la charité, la plus exceltente des vertus, & qui les renferme toutes eminemment: La troiſiéme *eſt d'un Pêcheur* qui jette ſes filets dans la mer, employ qui ſembleroit degenerer des deux précedens, ſi on ne ſçavoit que la peſche , non des poiſſons, mais des ames, dans la mer orageuſe de ce monde, eſt la fonction des Apôtres : *Iterum ſimile eſt regnum cœlornm ſagenæ miſſæ in mare.* De cette ſorte, ſelon ſaint Ambroiſe, les branches qui ſortent de l'arbre Evangelique d'aujourd'huy ſignifient les Apôtres, & les hommes Apoſtoliques ſortis & envoyez de Jeſus-Chriſt, pour attirer les ames à luy ; ce ſont les Martyrs, qui par leurs ſouffrances, & leur ſang épanché , ont fait germer un nombre infini de Chretiens dans le champ de l'Egliſe. Saint Pierre n'a-t il pas été un magnifique rameau de cet arbre myſtique ? S. Paul n'en a-t'il pas été un illuſtre rejetton , ajoûte ce

Pere qui lui-même fut un grand rameau dans l'Eglise:
Ramos autem hujus arboris si requiramus, invenies quia ra-
mus est Petrus, ramus est Paulus ; rami sunt omnes Apostoli,
vel Martyres. Heureux dit faint Gregoire, les rameaux qui chargez de tant d'oiseaux celeftes, feront
regardez avec approbation par le pere de famille, dans
ce dernier jour auquel les travaux des miniftres fidelles feront manifeftez, loüez & recompenfez : là, dit
ce grand Pontife, paroiftra faint Pierre avec la Judée
convertie que ce pécheur, comme dans un rets myfterieux, a traînée aprés luy : *Ibi Petrus cum Judæa conversa*
quam post se traxit, apparebit : Là, on verra faint Paul
menant à fa fuite, pour parler ainfi, l'univers entier de-
venu Chrétien : *Ibi Paulus conversum, ut ita dixerim,*
mundum ducens. Là, faint André menera aprés lui l'A-
chaïe, faint Jean l'Afie, faint Thomas l'Inde, qu'ils
ont converties à la foy, & qu'ils prefenteront au jufte
Juge : *Ibi Andreas post se Achaiam, ibi Joannes Asiam,*
Thomas Indiam in confpectum fui judicis converfam ducet. Là,
paroiftront les chefs du peuple fidelle accompagnez
des ames qu'ils auront gagnées à Dieu, les pafteurs
avec leurs troupeaux qu'ils ont nourris du grain de la
parole de vie : *Ibi omnes Dominici gregis arietes, cum*
animarum lucris apparebunt, qui fanctis fuis prædicationibus
Deo post se fubditum gregem trahunt. Que dire à prefent
de tant d'autres Saints pleins de zéle, qui comme des
rameaux myftiques, ont attiré un nombre infini d'oifeaux celeftes, lefquels font venus fe repofer fur leur
doctrine, s'appuier fur leurs exemples, fe fonder fur
leur autorité, former une même famille, & n'avoir
qu'un

qu'un même domicile avec eux : *Facit ramos magnos ita ut volucres cœli veniant, requiescant, & habitent in ramis ejus.* Saint Panteine, homme Apostolique, long-temps caché dans la solitude comme un grain de Senevé dans la terre, fut élevé sur la chaire de l'Ecole celebre d'Alexandrie, d'où étendant ses rameaux jusques dans les Indes, il alla prescher la Philosophie Chrétienne aux Brachmanes, & aux peuples de ces vastes regions, & les attirer à la foy : *Ita ut volucres cœli veniant, & habitent in ramis ejus* ; Car voicy ce que nous lisons dans Eusebe à son sujet : *Pantænus tantum animi ardo-* §. 10. *rem erga verbum Dei ostendisse perhibetur, ut Orientis natio-nibus Evangelii Christi prædicator extiterit, ad ipsam usque* Ep ad Mag *Indiam progreßus, ut Christum apud Brachmanas prædicaret,* ajoûte saint Jerôme : exemple qui fut suivi d'un grand nombre de Missionaires Apostoliques, lesquels brûlant du zéle ardent de prêcher l'Evangile, & de faire connoître Jesus-Christ, se répandirent dans les nations les plus reculées pour les éclairer des lumieres de la foy : *Quippe quàm plures etiamnum Evangelistæ sermones Dei, qui divinâ quâdam æmulatione succensi Apostolorum exemplo studium suum conferre ad ædificationem fidei, & ad incrementum verbi divini properabant.* Combien de grands Evêques, & de Patriarches, d'Ordres Religieux, de fideles laiques même, tant en Orient qu'en Occident, dés les premiers siécles de l'Eglise, & jusqu'à nous, ont-ils attiré d'ames à Jesus-Christ, & établi de saintes Communautez pour leur servir de refuge, pour leur donner un lieu de repos, pour les nourrir du fruit savoureux de la Doctrine

E

Evangelique, pour les rendre fecondes en d'autres
focietez qu'elles inſtituerent à leur tour, ſous la dé-
pendance, & le gouvernement de la principale maiſon où elles s'étoient d'abord formées, & n'avoir
qu'une même habitation, ne compoſer qu'une même
famille, être un même arbre Evangelique dans les
branches duquel une infinité d'oiſeaux celeſtes ont
choiſi leur demeure, & ont peuplé l'Egliſe ? *Fit arbor,*
facit ramos magnos, ita ut volucres cœli veniant, & habitent
in ramis ejus, requieſcant, & nidulentur : Car c'eſt le ſens
naturel de nôtre Evangile, que Jeſus-Chriſt d'un œil
perçant l'avenir, a voulu renfermer ſous l'écorce d'u-
ne ſimple parabole. Saint Auguſtin rapporte avoir vû
pluſieurs aſſociations de pieux Laiques, tant à Rome,
qu'à Milan, & à Cartage même, unis enſemble ſous la
direction d'un ſuperieur Prêtre, ſçavant & ſage, qui
les gouvernoit, & avec leſquels il demeuroit dans une
même maiſon, ſe tenant tous dans un grand éloigne-
ment des ſeculiers : *Qui in civitate degunt à vulgari vita*
remotiſſimi ; vidi ego diverſorium ſanctorum Mediolani non
paucorum hominum quibus unus Preſbyter præerat, vir opti-
mus & doctiſſimus ; Romæ etiam plura cognovi, in quibus ſin-
guli gravitate atque prudentiâ & divinâ ſcientiâ præpollentes,
cæteris ſecum habitantibus præſunt, Chriſtianâ charitate, ſan-
ctitate & libertate viventibus. Que ſi cette heureuſe fecondité ſe voyoit au milieu même du monde, avec
quelle abondance ne ſe répandoit elle pas dans les
deferts ? Que dire de ſaint Serapion, un des plus hauts
cedres de la ſolitude, qui dans ſes branches, & ſous
ſa diſcipline, élevoit plus de dix mille Moines par-

1agez en diverſes familles où ces oiſeaux celeſtes fai-
ſoient ſans ceſſe retentir les loüanges du Seigneur : *Sed & in regione Arſenoite Serapionem quemdam Preſbyterum vidimus multorum monaſteriorum patrem, ſub cujus curâ plura & diverſa monaſteria quaſi decem millium habebantur Monachorum.* Que de Communautez Eccleſiaſtiques, ſaint Baſile, ſaint Auguſtin, & tant d'autres Prélats n'établirent-ils point, dans leſquelles l'on vivoit au milieu même des villes comme dans des ſolitudes, *In urbibus tanquam in ſolitudinibus*, ainſi que s'exprime ſaint Gregoire de Nyſſe ? enfin combien de grands Prélats élevez dans l'Egliſe comme des cedres du Liban, par leur doctrine & leur pieté, formerent de leurs jours des Communautez, où un nombre infini d'ames ſaintes fatiguées des embarras du ſiécle toû-jours agité, vinrent ſe refugier. Tel eſt le progrez de la perfection chrétienne, l'humilité en eſt le fonde-ment, la ferveur en fait l'accroiſſement, la charité y met le comble : trois vertus figurées par la petiteſſe, l'acrimonie, & la fecondité du grain de Senevé : *Quod minimum quidem eſt omnibus ſeminibus quæ ſunt in terra, & cùm ſeminatum fuerit, creſcit, aſcendit & fit arbor, & facit ramos magnos, ita ut veniant volucres cæli, & habitent in ramis ejus.*

IV°. Toutes les circonſtances de cette parabole portent un caractere de perfection.

Premierement, ce grain de Senevé eſt ſemé *dans un jardin*, liſons nous dans ſaint Luc ; *quod acceptum homo miſit in hortum ſuum* : Or dans un jardin la terre eſt meilleure, plus graſſe, mieux cultivée, plus exempte de ronces, de Pierres, & de mauvaises herbes..

2°. Dans un jardin on n'y voit que des fleurs, des plantes, des fruits, & des arbres choisis, & rangez en ordre : avantages qui ne se trouvent pas dans les champs, quoyque fertiles.

3°. Le jardin est joignant la maison du Maître, c'est le lieu de ses delices, & de son agrément, que souvent même il cultive de sa main, ainsi que faisoit Assuerus : *Jussit convivium præparari in vestibulo horti, quod regio cultu & manu consitum erat. ... Assuerus surrexit, & de loco convivii intravit in hortum arboribus consitum* : Et pour le voir dans un exemple plus religieux, n'est-ce pas dans un jardin rempli de fruits & de fleurs, où la vuë, l'odorat & le goust sont également contens, que l'Epoux des Cantiques descend comme dans le lieu de ses delices: *Dilectus meus* dit l'Epouse fidelle, *descendit in hortum suum ad areolam aromatum, ut pascatur in hortis, & lilia colligat.*

4°. Le jardin est renfermé de murailles, de peur que la bête immonde, pour parler avec l'Ecriture, ou l'homme incirconcis ne viennent le ravager : *Hortus conclusus soror mea sponsa, hortus conclusus.* Et ne fut-ce pas dans un jardin, dit S Ambroise, où les grands mysteres de nôtre redemption s'accomplirent, où Jesus-Christ prosterné par terre pria pour nous; où il sua des goûtes de sang; où il accepta le calice de sa Passion; où il se livra à ses ennemis, où il fut inhumé, où il ressuscita? *Erg°, & tu semina in horto tuo Christum: hortus utique locus plenus est florum, & fructuum diversorum, in quo gratia tui operis effloreat; & multiplex odor variæ virtutis exhalet : semina*

Christum, granum est cùm comprehenditur, arbor cùm resurgit : granum cùm sepelitur in terra, arbor cùm elevatur ad cælum.
Que signifient toutes ces choses, sinon que l'homme qui tend à la perfection ne s'occupe rien tant qu'à cultiver son interieur ; qu'à en extirper les mauvaises inclinations ; qu'à le fertiliser par les humiliations de la penitence, qu'à l'orner par la pratique des vertus, qu'à luy faire porter des fruits dignes de la vie éternelle ; qu'à disposer ses desseins avec ordre, arrangement, sagesse ; qu'à le rendre un Paradis de délices pour y attirer le celeste Epoux ; qu'à en fermer les avenuës à l'ancien serpent: exercices spirituels qui répondent aux soins terrestres qu'éxige un jardin materiel.

En second lieu, le grain de Senevé dans sa petitesse, renferme des proprietez qui sont autant de symboles du progrés de nôtre perfection ; il a une vivacité médicinale, qui luy fait consumer les mauvaises humeurs de ceux qui le mangent ; *humores egerit :* il cause en eux une chaleur salutaire : *Viscerum interna calefacit.* Il fortifie & donne du courage: *Et si quid invalidum, si quid ægrotum fuerit, sinapis igne curatur.* Ainsi le zéle de la perfection dans le fidelle, consume & détruit les pechez: *cordium peccata comburit.* Il assaisonne les alimens spirituels, & réveille l'appetit des choses saintes ; il communique la force, & le courage, faisant surmonter les obstacles qui se rencontrent dans le chemin de la vertu ; *difficultates non videt :* Jeûnes, veilles, macerations, humiliations, tout luy est facile: *Labores non sentit :* Car là où on aime, là on ne tra-

vaille pas; où si l'on travaille, on aime le travail :
Ubi amatur, ibi non laboratur; aut si laboratur, labor ama-
tur, dit faint Auguftin. Il n'a aucune vûë intereffée,
Præmium non intuetur. Il eft un antidote au poifon de
la négligence, de la pareffe, de la langueur, & du
dégouft fpirituel, & pour tout dire, le fidelle parfait
furpaffe autant en vertu le Chrétien imparfait, qu'un
grand arbre furpaffe en hauteur, en droiture, & en fecondité une plante baffe, rampante, & fterile : *Fit ar-*
bor magna, fit major omnibus oleribus : Il eft un arbre iné-
branlable aux vents des tentations, & fuffifant pour
faire une poutre capable d'éteyer la maifon du Seigneur, felon l'expreffion de l'Ecriture parlant d'un
fouverain Pontife, qui de fon temps avoit été l'appuy
de la religion, le foûtien du Temple de Dieu, & l'or-
nement du peuple fidelle : *Qui in vita fua fuffulfit do-*
mum, & in diebus fuis corroboravit templum. Enfin, pour
achever la convenance qui fe trouve entre le grain
de Senevé, & le zele de la perfection, il faut obferver,
que comme il n'y a rien de fi agréable, ni de fi char-
mant à voir, qu'un grand arbre, qui femblable à un
cedre du Liban, dont les rameaux épais, vaftes, &
toûjours verds, font peuplez d'une infinité d'oifeaux
qui ne ceffent jour & nuit d'y faire entendre leurs ra-
mages, d'y dreffer leurs nids, de fe nourrir de fon fruit,
& de s'y multiplier, felon le Pfalmifte : *Cedri libani quas*
plantavit, illic pafferes nidificabunt, fuper ea volucres cæli
habitabunt, dabunt voces : Oifeaux qui figurent les
ames libres, détachées, élevées, parfaites, fecondes,
dit faint Auguftin : *Spiritales quafdam animas fignificat*

hoc nomen: quia æterna meditantur , & transgrediuntur desiderio, & intellectu omnia temporalia: Ainsi que les cedres mystiques figurent les Monasteres, & Communautez érigées pour réünir ces oiseaux celestes en une même famille: *Ædificant monasteria, colligunt passeres , ut in cedris Libani nidificent.* De même n'y a-t-il rien qui édifie tant le prochain, rien qui attire tant les ames à Dieu, rien qui affermisse davantage la pieté , que la vûë, & la conversation des hommes parfaits : saint Antoine revenant de voir saint Paul, ce miracle de la perfection monastique, interrogé par ses Disciples d'où il venoit, & ce qu'il avoit, paroissant tout hors de luy , répondit en pleurant , & se frapant la poitrine : Malheur à moy pecheur que je suis, malheur à moy qui suis Moine de nom, & qui ne le suis pas en effet : *Væ mihi peccatori, væ mihi qui falsi monachi nomen fero:* Malheur à moi qui suis revestu d'un habit de sainteté, & qui ne suis pas saint; j'ay vû, Elie continua t-il, j'ay vû Jean-Baptiste dans le desert, ou pour mieux dire, j'ay vû Paul dans le Paradis: *Vidi Eliam, vidi Joannem in deserto , verè vidi Paulum in Paradiso.*

Cependant la vûë seule de ce même Saint qui s'humilioit si fort donnoit tant d'édification, que plusieurs Vierges même déja fiancées, & à la veille de leurs nôces ayant jetté les yeux sur luy, furent si touchées de sa modestie, de son recueillement, de son humilité , que renonçant au lit nuptial , elles consacrerent à Dieu leur pureté : *Multæ quoque desponsatæ puellæ ad ejus conspectum, ab ipso penè thalamo recedentes, in Ecclesiæ Matris gremio consederunt.*

P. 5. 8.

Le bien-heureux Abraham, autre Solitaire, parloit de Dieu avec tant d'onction, & son visage jettoit un si vif rayon de sainteté, qu'on ne pouvoit se rassasier ni de l'entendre, ni de le voir : *Quis audiens ejus eloquium, vel qui vultum illius sanctitatis imaginem præferentem, respiciens, & audiens satiari potuit.* Son seul aspect inspiroit la devotion, & portoit à Dieu tous ceux qui l'abordoient: *Erat autem aspectus ejus quasi flos quidam immarcessibilis, atque in facie ejus puritas animi noscebatur.*

Saint Martin imprimoit de si vifs sentimens de pieté par sa presence, qu'il étoit le salut de ceux qui le voyoient: *Quem videre, salus videntium fuit*, dit Severe Sulpice.

Saint Bernard édifioit tellement le prochain par ses discours, que quand il faisoit des exhortations, soit en particulier, soit en public, les meres cachoient leurs enfans, les femmes retenoient leurs maris, & les amis détournoient leurs amis de l'aller entendre, parce que ses paroles avoient tant de force & d'onction, qu'il étoit difficile de conserver quelque affection pour les choses de la terre, quand on l'entendoit parler de celles du Ciel: *Jamque co publicè & privatim prædicante, matres filios abscondebant, uxores detinebant maritos, amici amicos avertebant: quia voci ejus Spiritus sanctus tantæ dabat vocem virtutis, ut vix aliquis aliquem teneret affectus.*

Sainte Talide Abbesse de soixante jeunes Vierges, les charmoit, & les édifioit tellement par sa douceur, & ses vertus, qu'il ne faloit ni clefs, ni closture pour les tenir comme ailleurs renfermées dans le Monastere, tant

les

les chaînes fpirituelles de fes bons exemples, les
tenoient infeparablement unies à leur fainte Supe-
rieure: *Ut ne efſet quidem opus clavis aulæ Monaſterii ut in
aliis, fed ipſæ ab ejus amore omnes detinerentur.*

SECONDE CONSIDERATION.

Ce dernier exemple rapporté nous fait paſſer natu-
rellement à la feconde partie de cette Homelie; puif-
qu'àprés avoir vû dans les hommes le progrés de la
perfection figuré par le grain de Senevé: *Simile eſt regnum cœlorum grano ſinapis* : L'Evangile nous montre
dans les femmes ce même progrés figuré par le levain : *Simile eſt regnum cœlorum fermento* : Car & les hommes, & les femmes également apellez à la fainteté,
font icy trés-convenablement defignez, ceux-là par
les travaux de l'agriculture; celles-cy par les foins du
ménage : *Utrumque enim fexum Dominus curaturus ad-
venerat*, dit faint Ambroile. L'homme formé le premier a dû preceder dans l'ordre des inſtructions:
Prior fanari debuit qui prior creatus eſt, ajoûte le même
Pere: & la femme doit fuivre, auſſi bien dans l'ordre
de la réparation, que dans celuy de la création, *Nec
prætermittiilla , &c.* Il faut donc inſtruire l'un & l'autre, travailler au falut de l'un & de l'autre, animer
l'un & l'autre; porter à la perfection l'un & l'autre.

1°. La premiere difpofition à la perfection dans une
femme Chrétienne eſt l'amour de la vie cachée : ce
qui nous eſt infinué par ces paroles de nôtre texte : Le
Royaume de Dieu eſt femblable au levain qu'une

femme prend & cache dans de la paste : *Simile est re-*
gnum cælorum fermento quod acceptum mulier abscondit in
farinæ satis tribus : En effet rien ne convient mieux aux
personnes de ce sexe que la retraite, & l'eloigne-
ment du monde, tant par le zele qu'elles doivent avoir
de conserver leur pureté, que par la charité qui doit
les porter à ne pas blesser la chasteté des hommes : telle fut cette vertueuse Vierge de Jerusalem, laquelle
voyant que l'esprit immonde avoit embrasé d'une
passion violente le cœur d'un jeune homme pour elle, & craignant que sa presence ne causat la perte de
ce pauvre insensé, prit un cilice avec quelques légu-
mes, & s'enfuit dans le desert, voulant luy procurer par son absence, la délivrance de cette tentation
deshonnête ; & se procurer à elle-même un azyle à sa
pudeur : *Venit ad eremum, dans adolescenti ex recessu suo*
quietem à tentatione, & sibi ipsi securitatem : Etant enfin
découverte aprés dix-sept ans d'un tel séjour, & interrogée du motif qu'elle avoit eû de se confiner dans
un desert si affreux, & si sterile, son humilité la porta d'abord à dissimuler ; mais ensuite elle en découvrit le mystere, avoüant qu'elle avoit mieux aimé
s'exposer par sa retraite à une mort temporelle, que
par sa presence causer à quelqu'un la mort spirituelle :
qu'elle avoit mieux aimé se dérober à la vuë des hommes, que de leur être une occasion de scandale :
Adolescens quidam scandalizatus est in me : & propterea
veni in hunc eremum, melius existimans hic mori, quàm offen-
diculum cuiquam fieri.

Judith, cette celebre veuve Israëlite, jeune, riche,,

belle, vivant fous une loy qui ne conduifoit pas à la
perfection, & qui regardoit le celibat comme un
opprobre, réfolut aulli-tôt aprés la mort de fon mari
de fe confacrer à Dieu, & de garder la continence
le refte de fes jours; feparée de tout commerce avec
le monde elle demeuroit renfermée avec fes compa-
gnes dans fa maifon, où elle s'étoit fait une efpece
d'Oratoire, perfuadée que la retraite étoit le plus fur
moyen de conferver la pureté ; fon corps extenüé
par un jeûne continuel, & mortifié par un cilice
qu'elle ne quittoit point, donnoit à fon efprit la li-
berté de s'élever à Dieu par la priere : *Habens fuper*
lumbos fuos cilicium jejunabat omnibus diebus vitæ fuæ ; fecit
fibi fecretum cubiculum in quo cum puellis fuis claufa mora-
batur. Que dirai-je de Judith, écrivoit faint Jerôme,
à une Dame Chrétienne qu'il exhortoit à ne pas fe
remarier ? que dirai-je de Judith, qui macerée par le
jeûne & le cilice, fe tenoit dans un état lugubre, non
pour pleurer la mort d'un mari terreftre, mais pour
foupirer aprés la venüe de fon Epoux Celefte ? *Legi-*
mus Judith viduam confectam jejuniis, & habitu lugubri
fordidatam, quæ non lugebat mortuum virum, fed fqualore
corporis fponfi quærebat adventum : Aprés cela faut-il s'é-
tonner, continüe ce Saint, fi l'on voit fa main armée
du glaive de la chafteté, couper la tête à la luxure ?
Video armatam gladio manum, cruentam dextram, & cafti-
tas truncat libidinem: L'infortunée Dina n'eut pas le même bonheur, cette imprudente fortant de la maifon
paternelle où elle vivoit en affurance, & tentée du
defir de voir, & d'être vûë: *Egreßa eft autem Dina ut*

viderct, alla s'expofer aux yeux du monde, d'où il arriva par un fort bien different de celuy de Judith, que la luxure fit mourir en elle une chafteté que le fang de tout un peuple ne put faire revivre. Elle ne comprit pas que la feule envie de n'être pas cachée, n'eft pas pudique : *Ipfa concupifcentia non latendi, non eft pudica*, dit Tertullien : elle ignora cet avis fi falutaire de faint Jerôme à une Vierge : Sçachez, luy mandoit-il, que les endroits les plus retirez de vôtre maifon font les aziles les plus affurez de vôtre chafteté : *Sem per te cubiculi tui fecreta cuftodiant :* Elle n'imita pas fainte Sothere, cette illuftre Vierge, qui ne découvrit jamais fon vifage aux hommes, que pour profeffer fa foy devant les Tyrans; *Sotheris vultum aperuit foli invelata atque intecta Martyrio*, dit faint Ambroife. Elle ne fut pas auffi refervée que cette admirable Vierge, qui s'étant renfermée pour ne voir jamais aucun homme, dit Severe Sulpice, refufa même de fe laiffer voir à un faint Martin, qu'on peut dire avoir été le falut de ceux qui le virent ; *quem videre falus videntium fuit :* Et qui par cette retenûë en ne voulant pas voir un fi grand Saint, ne montra pas moins de religion, que ceux qui pleins de veneration pour luy, venoient fouvent des pays les plus éloignez pour le voir : *Qui ad videndum Martinum ex longinquis regionibus fæpe venerunt.* Que les perfonnes du fexe apprennent donc à fe tenir dans la retraite, ajoûte le même Pere; qu'elles ne fe répandent point en des vifites inutiles ; qu'elles ne s'arrétent point dans les places publiques; qu'elles fe contiennent dans leur maifon, qu'elles imitent Marie, le modele des Vierges, que l'Ange trouva seule dans son Oratoire, sans compagnie, même de femme, loin que les hommes y eussent accés, & qui par une pudeur merveilleuse ne regarda pas même l'Ange qui lui parloit, parce qu'il avoit la figure d'un homme, comme avoit fait Zacharie; *Zacharias videns*: Mais se contenta de l'entendre, *quæ cùm audisset*; ce qui fait excellemment observer au même Pere, qu'elle eut des yeux pudiques, & des oreilles religieuses; *Pudicos oculos & religiosas aures*: Et par conséquent; *Discant mulieres propositum pudoris imitari: sola in penetralibus quam nemo virorum videret, solus Angelus reperiret: sola sine comite, sola sine teste ne quo degeneri de pravaretur affatu: discite Virgines non circumcursare per alienas ædes, non demorari in plateis, non aliquos in publico miscere sermones: Maria in domo sera, festina in publico.* C'est ainsi que s'accomplit dans les personnes du sexe cette parabole de nôtre Evangile: *Simile est regnum cælorum fermento quod acceptum mulier abscondit.*

IIo. La seconde disposition à la perfection dans une femme Chrêtienne, est le zéle qu'elle doit avoir de conserver inviolablement sa chasteté, lequel zéle est comme un levain spirituel qui doit en imprimer l'amour aux autres: car quoiqu'une femme pieuse doive se tenir dans la retraite, & que son sexe l'excluë du ministere, il ne faut pas néanmoins douter qu'elle n'agisse interieurement sur le corps mystique du Sauveur, par ses prieres, par ses exemples, par la communication de ses merites; par les benedictions qu'elle attire: le levain, quoy que cache, n'imprime t'il pas sa vertu sur la pâte? Et ce levain caché ne figure-t-il pas la femme retirée, comme cette pâte mysterieuse figure l'Eglise? *Simile est regnum cælorum fermento quod accipiens mulier abscondit in farinæ satis tribus* : Combien de saintes Dames renfermées dans des solitudes, ont-elles fait de bien parmi les Fidelles ! à combien de personnes n'ont-elles pas inspiré le zéle de consacrer à Dieu leur pureté ! leur corps ne se faisoit pas voir, mais leur vertu se faisoit sentir; telle fût la bien-heureuse Paule, dit saint Jerôme, laquelle du fonds du Monastere où elle s'étoit comme ensevelie, répandoit la bonne odeur de Jesus-Christ, non seulement dans l'étenduë de l'Empire Romain, quelque vaste qu'il fût, mais encore julques chez les nations barbares les plus éloignées, qui ne pouvoient s'empêcher d'admirer, & de loüer sa pieté : *Latentem in Bethleem, & Barbara, & Romana terra miratur:* Son cœur comme un levain sacré communiquoit sa ferveur à un nombre infini de personnes de l'un & de l'autre sexe; car outre le Monastere où elle étoit renfermée, elle en fit encore construire plusieurs autres, & de femmes, & d'hommes, où l'on entendoit continuellement chanter les loüanges de Dieu : de cette sorte, pour s'exprimer avec le même saint Jerôme, ce levain mysterieux étoit caché, & ne l'étoit pas; *Latebat & non latebat:* Inspirant l'amour de la retraite, & de la chasteté, & aux personnes de son sexe, & aux hommes mêmes; dont quelques-uns d'eux ébranlez par la tentation, furent redressez par la vertu de ces Vierges fortes, & soûtenus dans le bien, dont ils étoient prets de déchoir; car on ne fait de bien , qu'autant qu'on eſt un bien, on ne fait de bonnes œuvres , qu'autant qu'on eſt une bonne œuvre, ſoit homme , ſoit femme! En voicy quelques exemples:Un Moine bleſſé par un ſerpent,ſe vit contraint de quitter ſa ſolitude , & de venir à la Ville s'y faire panſer, & ſe logea chez une pieuſe femme qui le traitoit avec beaucoup de charité : *Frater quidam à ſerpente morſus eſt, ingreſſuſque civitatem, ut curaretur, ſuſcepit illum religioſa quædam mulier, & timens Deum, & curabat eum :* Mais à meſure que la bleſſure du ſerpent corporel ſe gueriſſoit, un autre ſerpent ſpirituel bien plus dangereux , bleſſoit le cœur de ce pauvre Solitaire, juſqueslà, qu'un jour pouſſé par un mouvement de convoitiſe, envers cette femme , il voulut luy toucher la main : *Volebatque tangere ipſius manum:* Mais cette femme aviſée , voyant bien ce que cela ſignifioit , luy dit ces paroles: Non, mon venerable Pere , il ne faut pas vous laiſſer aller à cette tentation , que vous devez reprimer par la crainte de déplaire à Jeſus-Chriſt: *Non ita, Pater, Chriſtum time.* Repreſentez vous la triſteſſe que vous auriez , & les larmes que vous verſeriez quand retourné dans vôtre cellule , vous ſongeriez au crime que le démon vous auroit fait commettre : *Recole triſtitiam, & pœnitentiæ dolorem quem in cella tua paſſurus es , memento gemituum, & lacrymarum quas effuſurus es ,* &c. A cette remontrance, ce pauvre Religieux delivré de la tentation , ſe mit à pleurer, & rougiſſant de honte, il n'oſoit plus regarder en face cette femme, & vouloit s'enfuir dans ſon deſert; mais cet-

te pieufe Dame prenant compaſſion de luy , le retint
juſqu'à ce qu'il fut parfaitement gueri, le conſolant,
& luy diſant: Ne vous en allez pas ſi-tôt, mon Pere ,
vous avez encore beſoin de remedes , & ne vous ab-
batez-point pour la foibleſſe que vous avez reſſentie,
elle ne venoit pas de vous , c'étoit une pure ſugge-
ſtion du démon autheur de tout peché : aprés quoy le
voyant parfaitement rétabli, elle le renvoya ſans
bruit ni ſcandale aucun dans le deſert avec une bonne aumône qu'elle luy donna; *Atque ita ſine ſcandalo cu-*
ratum illum à ſe cum viatico remiſit.

Une autre jeune veuve, & non moins vertueuſe
que la precedente , ſe trouvant dans une ſemblable
occaſion , & s'apercevant qu'un Moine qui paſſoit
ſouvent dans la maiſon de ſon Pere, jettoit un œil de
convoitiſe ſur elle, commença par éviter de ſe preſen-
ter devant luy , de peur d'entretenir cette tentation :
Obſervabat ut non veniret in conſpectum ejus ; Mais ce
Religieux pouſſé ſans doute par l'eſprit immonde ,
ayant un jour trouvé cette jeune femme ſeule, luy
témoigna ouvertement ſa paſſion , à quoy elle répondit par des paroles ſi ſages , & luy repreſenta ſi
vivement l'horreur de l'action infâme qu'il vouloit
commettre , que tout d'un coup ce pauvre Solitaire
revint à luy-même , & l'ardeur de la tentation étant
ainſi tombée, cette chaſte & prudente femme ajoûta :
Hé bien, luy dit elle, ſi j'avois été foible juſqu'à ce
point que de conſentir à vos injuſtes deſirs , & vous
aſſez malheureux pour vous ſoüiller dans un tel crime , comment auriez vous pû retourner enſuite à
                                                    vôtre

vôtre Monastere, & entendre la psalmodie des saints
Religieux dont vôtre Eglise retentit nuit & jour ?
J'ose donc vous prier d'être sobre, & de veiller plus
attentivement sur vous même, de peur que vous ne
perdiez pour une volupté d'un moment le fruit de
tant de travaux que vous avez enduré dans le desert,
& les biens eternels qui doivent en être la récompen-
se : *Deprecor itaque ut sobrius & vigilans sis, nec velis jam
propter brevem voluptatem perdere tot labores quot pertulisti,*
æternisque privari bonis: A ces mots le pauvre Religieux
rentrant en luy même, & tout penetré de componction se mit à pleurer, & reprit sur le champ le chemin de son Monastere, remerciant Dieu de ce qu'il
s'étoit servi de la sagesse, & de la pudicité d'une femme pour le retirer de l'abîme de perdition où il alloit
se précipiter : *In seipsum rediens lacrymatus est, gratias*
agens Deo qui illum per mulieris prudentiam & pudicitiam,
ne funditùs periret, eripuerat, & reversus ad monasterium pœ-
nitentiam egit: Ce fût ainsi qu'une femme affermie dans
la vertu redressa un homme qui tomboit dans le vice :
ou, pour nous servir des expressions de nôtre parabole, ce fut ainsi que le levain imprima sa vertu dans la
paste.

Que si ces vertueuses femmes étoient assez fortes
pour redresser les hommes mêmes consacrez à Dieu,
qui plus foibles que les femmes vouloient se laisser aller au peché ; combien l'étoient-elles encore plus
pour resister aux hommes qui vouloient les empêcher de se consacrer a Dieu ? Je veux à ce propos, di-
soit saint Ambroise, rapporter l'histoire suivante, arri-

De Virg. l.
i. c. ii.

G

vée de nos jours. Une fille alors illuftre felon ce monde, mais bien plus glorieufe à prefent felon Dieu ,
preffée par fes parens de fe marier , & d'accepter un
parti avantageux qui fe prefentoit pour elle ; cette
fainte fille deja toute réfoluë d'être à Jefus-Chrift ,
afin d'éviter des pourfuites fi vives , s'enfuït de leur
compagnie , vint fe refugier dans l'Eglife , & em-
braffer l'Autel , fans doute fort à propos ; car où fe re-
fugieroit plus convenablement une Vierge, qu'au lieu
même où l'on offre à Dieu le facrifice de la virginité ?
*Quò enim meliùs virgo, quàm ubi facrificium Virginitatis of-
fertur ?* Là cette chafte victime, comme toute hors
d'elle même, tantôt prenant la main du P rêtre pour
la mettre fur fa tête, le prioit de prononcer fur elle les
paroles de la confecration des Vierges: *Stabat ad aram
Dei pudoris hoftia , &c.* Tantôt ne pouvant plus
fouffrir le moindre retardement, elle mettoit fa tête fous l'Autel , & difoit à fa mere: Croyez-vous, ma
mere, que le voile qu'on me donnera me confacrera
plus que l'Autel même qui confacre le voile , & fur
lequel Jefus-Chrift eft luy-même confacré ? & vous,
mes chers Parens, ajoûtoit elle, en fe tournant vers
eux, que faites vous en me prefentant un époux perif-
fable , & en vous efforçant de m'arracher à un E poux
immortel? Sçachez, fçachez que cet époux que je me
fuis choifie eft infiniment au deffus de celuy que vous
m'offrez , & dont vous m'étalez en vain les richeffes,
la nobleffe , la puiffance ; tout eft baffeffe en compa-
raifon du mien , & m'en prefenter un autre, ce n'eft
pas être des parens defireux de mon avantage , c'eft

être des ennemis jaloux de mon bon-heur: *Sponsum*
offertis, meliorem reperi : non providetis mihi, parentes, fed
invidetis : A ces mots chacun demeurant dans le silen-
ce, un seul d'entre les parens s'adreſſant à cette Vierge
du Seigneur, luy dit bruſquement: Mais ſi vôtre P e-
re vivoit encore, croyez vous qu'il ſouffrît que vous
ne fuſliez pas mariée ? A quoy cette ſage & religieuſe fille répondit: Et que ſçavez vous ſi peut être le Seigneur ne l'a pas retiré a luy, afin que perſonne ne mît
obſtacle à ce que je me donnaſſe à Dieu ? *Tum illa &*
ideò fortaſſe defecit, ne quis impedimentum poſſit adferre ?
Cette parole fut comme une prédiction menaçante ;
car une prompte mort ayant enlevé celuy qui venoit
de proferer ce diſcours, chacun des aſſiſtans effrayé
de cet accident, craignit le même ſort pour luy, &
tous ſe mirent à favoriſer cette conſecration à laquelle ils s'étoient juſqu'àlors oppoſez: *Ita cæteri eadem ſibi*
quiſque metuentes, favere cæperunt qui impedire quærebant :
L'on conſerva les biens à cette Vierge, & cette Vierge conſerva ſon integrité à Jeſus Chriſt : *Nec diſpen-*
dium debitarum attulit virginitas facultatum, ſed etiam emo-
lumentum integritas accepit. Que ſi des biens particuliers
que les femmes Chrétiennes peuvent faire dans l'E-
gliſe, on paſſe aux bonnes œuvres qui regardent le
public, on n'en ſera pas moins édifié. Car j'ay vû avec
édification, continuë ſaint Auguſtin dans l'endroit
cydeſſus, j'ai vû des Communautez de filles, & de veu-
ves pieuſes logeant, & vivant enſemble, tirant leur
ſubſiſtance du travail de leurs mains, & de leurs ou-
vrages en fil & en laine, ſous la conduite de quelques

maîtreſſes, & ſuperieures, à qui la ſageſſc, l'âge, l'ex-
perience, la gravité religieuſe, & la longuc epreuve
qu'on avoit fait de leur vertu, donnoient l'autorité
néceſſaire pour conduire les autres, pour les former
à la vertu, & pour cultiver leur eſprit, donner par
tout de grands ſujets de benir Dieu : *Neque hoc viris
tantùm, ſed etiam in fæminis. Quibus item multis viduis &
Virginibus ſimul habitantibus, & lanâ ac telâ victum quæ-
ſitantibus, præſunt ſingulæ graviſſimæ probatiſſimæque non
tantùm in inſtituendis componendiſque moribus, ſed etiam in-
ſtruendis mentibus, expeditæ ac paratæ.* Tout cela ſe paſſoit
dans les villes, mais dans la Paleſtine, & les deſerts de
l Egypte, les Monaſteres de Vierges étoient innom-
brables, & l'on eſt étonné, quand on lit que dans la
ſeule ville d'Ancyre, & aux environs on y comptoit
juſqu'à dix mille Vierges diſperſées en pluſieurs Communautez & Monaſteres ſous la conduite de quelques Superieures habiles, prudentes, & conſommées
dans la direction des perſonnes de leur ſexe : *In civitate Ancyra ſunt multæ quidem aliæ Virgines, nempe ad decem
millia :* Diſons quelque choſe de plus. Les Iberiens,
peuples auſſi nombreux que belliqueux, *Gens populoſa
ac bellicoſiſſima :* habitans au deſſus des Palus Meotides,
& de l'Armenie ſeptentrionale, doivent leur conver-
ſion à une ſeule fille, qui fut priſe par eux en guerre,
& menée captive dans la ville où le Roy d'Iberie fai-
ſoit ſa réſidence ; là cette vertueuſe fille ne s'oubliant
point des pratiques de la pieté Chretienne, pleine de
foy & de Religion, reluiſoit parmi ces Barbares, &
les édifioit par ſon inviolable chaſteté, par ſon abſti-

nence merveilleuse par ses prieres continuelles, par sa
vie austere & penitente : *Quæ cùm fide ac pietate mirabili
prædita esset, ne inter exteras quidem gentes de consueta absti-
nentia quicquam remittebat :* Le jeûne faisoit ses délices ,
l'oraison de nuit & de jour , & le chant des loüanges
du Seigneur étoient son unique consolation dans le
lieu de son esclavage ; elle n'avoit pour lit qu'un sac
étendu par terre : *Pro lecto mollique stragulo, saccum humi
expansum habebat : ipsi in deliciis erat jejunium , & continua
diu noctuque oratio, & divini numinis laudatio.* Ces vertus
dignes des Apôtres en attirerent bien-tôt l'esprit, &
la grace : *Hujusmodi exercitatio Apostolica ei dona concilia-
vit:* Car interrogée par ces Barbares, d'où vient qu'elle vivoit ainsi ? Elle leur répondit avec simplicité,
qu'elle adoroit le Fils de Dieu, qui vouloit être ainsi
servi: *Simpliciter respondit filium Dei hoc modo colendum esse.*
Réponse qui surprit d'autant plus ces peuples, qu'ils
ignoroient également, & le Dieu qu'elle leur annon-
çoit , & la maniere pure dont il vouloit être honoré :
or il arriva qu'un Enfant étant tombé griévement
malade, sa mere le porta de maison en maison suivant
la coûtume de ces peuples, qui ne sçavent pas la Mede-
cine, afin de voir si quelqu'un auroit quelque remede
pour soulager le moribond, mais inutilement. Enfin
elle s'adressa chez cette captive, qui luy dit qu'elle
n'avoit aucun autre remede à donner que l'invoca-
tion du nom de Jesus Christ ; surquoy s'étant mise en
prieres, l'enfant qui etoit prest d'expirer recouvra sur
le champ la santé. Le bruit de ce miracle se répandit
bien-tôt par tout , ensorte que la Reine , laquelle